ÉTUDES DE PHILOSOPHIE NATURELLE

N° 2.

RÉPONSE DIRECTE

A M. RENAN

OU

DÉMONSTRATION PHILOSOPHIQUE DE L'INCARNATION

PAR

J.-ÉMILE FILACHOU

DOCTEUR ÈS-LETTRES

*Manifestatum est in carne,
justificatum est in Spiritu.*
I Tim. III, 16.

*Deus lux est, et tenebræ in
eo non sunt ullæ.*
I Joan. I, 5.

PARIS	MONTPELLIER
DURAND, LIBRAIRE	F. SEGUIN, LIBRAIRE
rue des Grès, 7.	rue Argenterie, 25

1864

ÉTUDES DE PHILOSOPHIE NATURELLE

N° 2.
RÉPONSE DIRECTE
A M. RENAN

OU

DÉMONSTRATION PHILOSOPHIQUE DE L'INCARNATION

PAR

J.-ÉMILE FILACHOU
DOCTEUR ÈS-LETTRES

*Manifestatum est in carne,
justificatum est in Spiritu.*
I Tim. III, 16.

*Deus lux est, et tenebræ in
eo non sunt ullæ.*
I Joan. I, 5.

PARIS	MONTPELLIER
DURAND, LIBRAIRE	F. SEGUIN, LIBRAIRE
rue des Grès, 7.	rue Argenterie, 25

1864

En Vente chez les mêmes Libraires.

OUVRAGES DU MÊME AUTEUR

Examen de la rationalité de la Doctrine Catholique. 1 vol. in-8°. 1849.

La clef de la Philosophie ou la vérité sur l'Être et le Devenir. 1 vol. in-8°. 1851.

Traité des Facultés. 1 vol. in-8°. 1859.

De Categoriis. Dissertatio philosophica. 1 vol. in-8°. 1859.

Principes fondamentaux de Philosophie mathématique. 1 vol. in-8°. 1860.

De la pluralité des mondes. 1 vol. in-12. 1861.

Traité des Actes, sommaire de Métaphysique. 1 vol. in-12. 1862.

ÉTUDES DE PHILOSOPHIE NATURELLE. — N° 1. Système des trois règnes de la nature. 1 vol. in-12. 1864.

Montp. — Typ. de BOEHM & FILS.

ÉTUDES DE PHILOSOPHIE NATURELLE

N° 2.

RÉPONSE DIRECTE A M. RENAN

ou

DÉMONSTRATION PHILOSOPHIQUE DE L'INCARNATION

AVANT-PROPOS

—◊◊◊—

Ce livre est un écrit de circonstance, et de prime-abord : vu la nature du sujet, nous ne nous sommes pas proposé de le comprendre au nombre de nos *Études de philosophie naturelle* ; mais plus tard, et en le rédigeant, la pensée nous étant venue de le présenter sous cette forme, nous y avons accédé. Voici la raison de cette détermination.

Entre la science théologique et la philosophie naturelle il n'y a pas, suivant nous, la distance ou la différence qu'on imagine d'ordinaire. Car, au fond, les mystères de l'une sont les mystères de l'autre; et si pour lors on comprend les uns, les autres sont expliqués du même coup. Ainsi, Dieu parfaitement compris, on saurait tout ce qui meut l'univers; et, l'univers compris à son tour, on saurait tout ce qui se passe en Dieu [1]. Nous ne confondons pas pour cela les ressorts, mais seulement les opérations. Dans ce Traité, nous expliquons maintenant, au moins en partie, la nature et l'ordre des opérations divines; nous disons comment Dieu se sent porté radicalement à créer, comment ensuite il entre en rapport avec son ouvrage, et pourquoi enfin tout cela se fait. Il était d'ailleurs impossible d'éclairer ces grandes questions sans ajouter beaucoup d'explications incidentes sur la nature de l'être, de l'activité, de la puissance, et leurs évolutions. Or, savoir tout cela, c'est déjà pénétrer au cœur de la nature et la sonder dans ce qu'elle a de plus mystérieux ou de plus profond. Quoique nous ne confondions donc pas les deux domaines de la nature et de la religion, théoriquement

---

[1] Rom. I, 20.

nous ne les séparons pas davantage, mais nous les rallions et nous voulons qu'ils restent unis, parce qu'effectivement l'objet de la spéculation est le même en tous. Si l'on voulait bien nous suivre ou nous imiter, on verrait bientôt arriver le moment où ni le théologien ne se servirait, pour parler de Dieu, de mots (de son propre aveu) mystérieux, ni le naturaliste n'invoquerait, pour expliquer la nature, des forces actives dénuées radicalement (d'après lui-même encore) de toute intelligence ou conscience propre; mais où le théologien et le naturaliste réunis reconnaîtraient, avec nous, que Dieu et la nature se correspondent en tout et partout, comme toute cause et tout effet corrélatifs le doivent faire.

Cassagnoles, 21 novembre 1863.

Réponse directe à M. RENAN

ou

DÉMONSTRATION PHILOSOPHIQUE DE L'INCARNATION

INTRODUCTION.

1. On nous écrivait dernièrement :
« Avez-vous lu le livre de Renan dont on parle tant ? et les mandements des Évêques, les connaissez-vous ? A mon point de vue, l'attaque est faible, mais habile. Renan parle exégèse, critique, histoire,.. mais tout cela n'est pas son but ; ce qui se cache et vit sous ce luxe d'érudition ou de science littéraire, c'est cette pensée philosophique, la seule au reste qu'il y ait, que la

raison domine la foi, la critique, l'exégèse, l'histoire, etc. Les Évêques, dans leurs mandements ou lettres pastorales, s'en prennent seulement, il me paraît, à cet ensemble de bonnes ou de mauvaises raisons qu'il leur présente; et perdant leur temps à repousser de fausses attaques, ils laissent tout à fait de côté la pensée philosophique qui en est le passe-port, car chacun se pique de raison. Leur défense n'est donc pas ce qu'elle devrait être, et, pour rester à la hauteur de leur mission, ils devraient tenir à montrer qu'ils ont, eux aussi, la raison en partage.

» Mais, ce qu'ils ne font pas, je crois qu'en partant de vos idées il vous serait possible de le faire. Serais-je assez heureux pour vous inspirer le désir d'y mettre la main?... »

Ces réflexions de notre correspondant, dont la justesse est évidente, nous ont déterminé presque soudainement à lui donner satisfaction.

Nous n'avons aucunement ici l'intention de blâmer ni de juger nos supérieurs et nos maîtres; mais, de même que Jésus-Christ disait aux Juifs de son temps, si fiers de leurs livres sacrés : « Vous avez les Écritures ; lisez-les, et vous verrez qu'elles rendent témoignage de moi [1] » ; nous sommes d'avis que, dans ce temps de rationalisme, on pourrait, plus qu'on ne le pratique, dire encore aux hommes de l'époque, si fiers de leurs lumières : « Vous avez votre raison [2] ; consultez-la, et vous verrez qu'elle parle comme l'Église. »

2. Ni la raison ni la foi ne peuvent se passer décidément l'une de l'autre, et le temps devrait enfin venir où l'antagonisme de ces deux nécessités céderait au besoin absolu de s'entendre. Nous avons besoin de croire, nous avons besoin de comprendre ; c'est incontestable. Alors, au lieu de combattre ou la foi par la raison ou la raison par la foi, préférons croire et raisonner en même temps. Nous ne perdrons rien, mais nous gagnerons tout à cet accord.

---

[1] Joan, V, 39.
[2] Joan, 1, 9.

Renan dit équivalemment : « Aux yeux de tout homme de bon sens et de raison, la Divinité ne s'incarne pas ; c'est un point décidé sans retour. Que doit faire alors un homme qui prend en main les Évangiles ? Il doit, s'il tient à rester raisonnable, faire la part de l'ignorance ou de la bonne foi qui les ont dictés, et, se guidant à la lueur du principe énoncé tout à l'heure, recevoir tout ce qui cadre avec lui, rejeter tout ce qu'il repousse, et n'accepter en définitive que les choses historiquement prouvées et rationnellement admissibles tout ensemble. »

A cela, que répondent les opposants ? Ils disent, l'un : « Il faut prendre les Évangiles tels qu'ils sont, et partir de là pour décider le dogme », et pour celui-là la foi passe avant la raison ; l'autre : « Renan explique mal les Évangiles, et, par exemple, l'apôtre saint Jean n'a pas été ce qu'il pense » ; et pour celui-ci, la grande question religieuse se transforme en une simple question d'exégèse ou de critique, chose nullement désagréable à Renan, qui n'a jamais prétendu que le champ des interprétations une fois ouvert, les siennes seules fussent acceptables ou possibles. Que l'on veuille bien comparer tous les écrits occasionnés par l'apparition du livre de Renan: on verra qu'à la forme près, toutes les réfutations roulent absolument sur le même thème que les deux précédentes. Mais, de celles-ci, la seconde se réfère nécessairement à la première. Nul opposant n'a donc encore suivi Renan sur le terrain philosophique, ni ne l'a chassé de la position réelle qu'il a voulu prendre ou s'est donnée contre l'Église; et c'est pour cela qu'aux yeux d'un monde partisan obstiné de la raison, il peut apparaître vainqueur ou non vaincu.

3. Fixons bien d'abord l'état de la question. Renan a-t-il tout à fait tort de tenir à la raison, ou de prétendre que, *avant de croire, il faut savoir si la raison le conseille ou commande?* Nullement; et l'Eglise catholique n'est pas d'un autre avis, puisqu'elle admet des motifs de crédibilité conduisant l'homme à la foi. Mais le dogme de

l'Incarnation est-il actuellement, comme le prétend Renan, *un dogme tellement répugnant à la raison qu'il ne puisse être compris au nombre des vérités obscures, non immédiatement accessibles à l'esprit de l'homme, que la révélation doit lui faire connaître ?* Tous les orthodoxes le nient, mais, comme nous sommes obligé d'en convenir, le nient sans discuter ce point, ni fournir, par conséquent, de preuve *directe*[1] à leur appui. Renan, il est vrai, ne prouve pas mieux sa thèse ; mais il a pour lui les esprits légers, les passions, le siècle, en un mot, et devant de tels auditeurs il est dispensé de raisonner. Les hommes du monde, plus judicieux ou plus sensés, ne sont pas de nature à l'approuver si vite ; mais ceux-ci, ne trouvant pas de preuve chez Renan, n'en trouvant pas davantage chez ses contradicteurs, et ne rencontrant ainsi de chaque côté

---

[1] Les preuves tirées des *miracles*, des *prophéties*, etc., quoique excellentes en elles-mêmes, sont des preuves *indirectes* et motivent la foi aux mystères, sans pour cela les expliquer.

qu'allégations et dénégations contraires, quel parti prendront-ils ? Ils prendront à leur point de vue, s'ils ne l'ont déjà pris, le parti du doute, et, dans leur sagesse, ils ajourneront le jugement.

C'est pour ces hommes en suspens, que nous allons maintenant parler nous-même, homme de raison et de foi tout ensemble, et, pour cela, prenant en main ici la cause de l'Église, mais ayant soin de nous placer concurremment sur le terrain même de Renan et de prouver, contre lui, que *le dogme de l'Incarnation est conforme à la raison*.

DIVISION DU SUJET.

4. Il importe, avant d'entrer en matière, de prévenir les malentendus. Le dogme de l'Incarnation est un sujet, suivant la manière de le traiter, *philosophique* ou *théologique*. Comme sujet philosophique, il est un objet de raison ; comme sujet théologique, il est un objet de foi. Mais l'envisager ainsi par la raison ou par la foi, c'est

l'envisager sous deux aspects non moins distincts que compatibles ensemble : la foi décide en effet de la *certitude*, et la raison décide de la *rationalité*. Que, par exemple, Montgolfier ait été l'inventeur des aérostats, c'est un fait dont on peut être historiquement sûr avec ou par la foi ; mais que l'aérostation en général soit un fait physique intelligible à tout homme versé dans la connaissance des choses naturelles, c'est un fait d'un genre nouveau dont on peut seulement être sûr par la raison. Les faits de cette seconde espèce, dont la raison seule nous instruit, ne portent point communément le nom de faits, mais s'appellent *idées* ; le nom de *faits* demeure, au contraire, à ceux de la première espèce et les caractérise. Quand on parle d'un *fait* proprement dit, la seule question qui le concerne est donc celle de réalité, de vérité, de certitude ; mais, quand on parle d'une *idée*, la question s'élève plus haut et devient une question de rapport, d'intelligibilité, d'équation rationnelle. Or, en philosophie, l'on s'occupe exclusivement de cette seconde sorte de questions ; et, dès qu'il s'agit de la première, on se déclare incompétent, laissant à décider, par exemple, au chimiste, combien de corps simples il y a ; au physicien, s'il y a trois ou sept couleurs élémentaires ; au théologien, si l'Incarnation s'est ou ne s'est pas opérée selon les deux affirmations contradictoires des juifs ou des chrétiens, etc. Rien n'est donc plus distinct, quelle qu'en soit d'ailleurs la compatibilité, que les deux points de vue de la raison et de la foi, et nous ne risquons aucunement de violer ou de nier l'un, quand, sans le moindre sentiment d'hostilité, nous préférons envisager ou traiter l'autre.

Or, comment arriverons-nous à démontrer maintenant que l'Incarnation, envisagée sous le premier des deux aspects que nous venons de dire, est une vérité complètement intelligible ou rationnelle ? Nous le démontrerons en allant au fond même de la question et, là, cherchant à voir si toutes les conditions de ce dogme, convenablement analysées, se prêtent à la constitution d'une *union hypostatique*, telle qu'on l'enseigne ou la conçoit.

Les conditions de l'Incarnation sont trois autres vérités antérieures dont celle-là dépend ou sans lesquelles elle ne serait pas concevable, mais qui suffisent, une fois admises, à la rendre intelligible ou possible. Ces trois vérités préalables sont celles de l'*existence de Dieu*, de la *trinité des personnes en Dieu*, et de la *création*. Si Renan avait fait de ces trois vérités, comme de l'Incarnation, l'objet direct de ses attaques, nous l'aurions volontiers suivi sur ce terrain [1]; mais il n'a point, cette fois, porté la contestation là-dessus, et sur ce point il a paru dire alors *transeat* [2], réservant, pour atta-

---

[1] Nous disons cela très-sérieusement, et s'il plaît à M. Renan de poursuivre ses attaques contre le Christianisme, nous sommes prêt à le suivre. Mais, avant de l'engager à continuer, nous voudrions savoir s'il admet, ou non, qu'il existe une méthode de résoudre les mystères. Car, si cette méthode existe, pourquoi les combattrait-il, la science de la religion ayant alors en eux son point de départ ou son objet ? Et, si elle n'existe pas, pourquoi écrirait-il, la science ne pouvant alors aboutir?

[2] Renan ; *Vie de Jésus*, 2º édit., pag. 1.

quer l'Incarnation, toutes ses forces. Il nous est donc libre de poser en principe ce qui ne saurait être actuellement en question, et de partir de là pour établir la rationalité complète du dogme de l'incarnation. A cette fin, nous prouverons successivement que l'Incarnation est pour Dieu : 1º *un besoin*, 2º *une possibilité*, 3º *une nécessité relative*.

BESOIN OU CONVENANCE DE L'INCARNATION.

5. On pourrait croire, en nous entendant prononcer ici le mot de *besoin*, que, faisant en cela Dieu semblable aux hommes assujétis par le corps aux besoins de se nourrir, de dormir, de respirer, etc., nous le dégradons et rabaissons à notre niveau ; mais rien n'oblige à prendre ici le mot *besoin* dans une acception aussi basse ou grossière. Car l'homme lui-même n'a que, comme *animal*, les besoins physiques dont nous venons de parler, et, comme *homme* proprement dit,

c'est-à-dire comme être personnel, il en a de plus nobles et de très-précieux, tels que les besoins de sociabilité, d'amitié, de béatitude et de vertu, dont on ne saurait éviter de faire encore une bonne part au Créateur. Par exemple, il est impossible de ne pas attribuer à l'Être suprême les facultés dont l'homme est lui-même doué, telles que le Sens, l'Intelligence et l'Amour. Mais, conformément au dogme de la *Trinité*, ces trois facultés ne peuvent être en Dieu, comme en nous, de simples facultés nominales ou sans autonomie distincte; elles y sont plutôt et nécessairement des facultés personnelles ou des personnifications du sentiment, de l'intelligence et de l'amour, en un mot, des personnalités absolues. Quand, alors, on parle d'un Sens divin, on veut donc parler d'un Sens pur, délicat et le plus élevé possible, tel qu'il peut exister entre des êtres sociables du meilleur naturel. De même l'Intelligence doit atteindre en Dieu les plus hautes proportions; et l'Intellect divin n'est point un intellect qui cherche ou regarde, mais un intellect qui voit et démontre, ou le plus pénétrant et le premier de tous. Également, et par la même raison, l'Amour en Dieu n'est point une tendance, un désir, une volonté ; c'est le mobile de tout cela, l'amour aimant, l'amour en personne ou l'amour même. On n'a pas coutume, sans doute, de prendre ainsi les choses, mais pourtant c'est bien ainsi qu'elles sont ; il est impossible de les entendre autrement, sous peine d'être réduit à dire que les premières choses ne sont pas ce qu'elles sont, mais des falsifications ou des images d'autres choses plus pures, qui ne seraient pas, chose contradictoire ! sous peine, en un mot, de nier Dieu. Le Sens divin a donc, puisqu'il est une faculté, des aptitudes, et, puisqu'il est une personnalité, des besoins; mais, comme nous l'avons déjà fait observer, des besoins à la hauteur de sa position sociale, et tels qu'ils équivalent à ce qu'on pourrait nommer autrement *convenance, goût* ou *sentiment esthétique*.

6. On pourrait croire encore peut-être, en nous

entendant prononcer ce même mot *besoin*, que nous nous représentons la nature divine comme incomplète ou souffrante. Une pareille erreur est bien loin de notre esprit. Car, à nos yeux, le monde est fini, borné; mais Dieu, son auteur, ne l'est pas; et, dans cette manière de voir par laquelle nous attribuons en principe à Dieu toute perfection, toute grandeur, tout bien, il est bien impossible que nous le concevions manquant de quelque bien ou souffrant quelque mal. Jugeant au contraire le monde fini, borné, nous ne pouvons éviter de lui attribuer, s'il fait usage de ses facultés, la conscience de ses limites dont Dieu, de son côté, peut avoir la notion ou l'idée, sans en avoir le sentiment.

7. Cependant il manque à Dieu, nous dira-t-on, l'éternelle expérience ou jouissance du fini; cette privation n'est-elle pas un défaut? Tant s'en faut, car Dieu doit précisément à ce prétendu défaut de n'en avoir aucun, et, ce qui plus est et n'est point d'ailleurs un défaut mais plutôt une

marque ou preuve de perfection, de pouvoir se donner dans le temps cette même expérience ou jouissance du fini, qui ne doit lui coûter absolument rien de ce que coûte ou peut coûter au monde fini l'expérience ou la possession de l'infini. Quel homme de jugement et de bon sens pourrait seulement admettre la pensée de placer dans le fini l'infini, comme un de ses accidents propres ou naturels? Aucun assurément. On conçoit le fini rond, pointu, cubique, ou rouge, jaune, etc., mais infini, jamais; car l'infini en est la négation. Il est seulement possible de concevoir le fini et l'infini comme coexistants et s'appartenant, se fondant plus ou moins l'un avec l'autre, à l'instar, par exemple, de *contenu* et de *contenant;* mais, bien évidemment, le pouvoir de réaliser cette union ou de passer de l'un à l'autre, appartient plutôt à l'infini qu'au fini. L'infini peut donc pleinement se donner le fini, non le fini l'infini; c'est pourquoi la présence de l'infini dans le fini est une *grâce*, et la présence du fini dans l'infini un *effet* libre et de puissance.

Cette proposition : *le monde est fini et Dieu infini*, jointe à cette autre : *le fini et l'infini peuvent être coexistants et dépendent, le premier du second*, va devenir maintenant notre point de départ, et nous nous appuierons sur elle pour établir notre premier point, c'est-à-dire l'existence en Dieu d'un doux penchant ou besoin l'inclinant éternellement vers le fini. Pour cela, nous la reprendrons, pour la prouver d'abord, et l'appliquer ensuite.

8. De prime-abord il peut sembler étrange que nous songions à prouver la limitation du monde et l'infinité de Dieu ; mais, dans ces derniers temps, on a tant bouleversé les idées philosophiques, qu'il n'est pas inutile de chercher à faire un peu d'ordre dans ce tumulte. Ainsi, nous disons et nous répétons que le monde est fini, et Dieu, son auteur, infini. En effet, il entre dans l'essence ou la nature même de l'*infini*, qu'*on ne puisse l'augmenter ni le diminuer, si ce n'est en idée*. Nous empruntons ce principe aux no-

tions les plus vulgaires des mathématiques, et personne ne saurait le renier sans honte ; il n'est pas, non plus, d'écolier qui ne l'entende. Par exemple, le nombre *6* est un nombre *fini*, puisqu'on peut en retrancher ou y ajouter *1*, ce qui donne *5* ou *7*. De plus, il est de l'essence ou de la nature de tout nombre *réel* d'être *fini*; car, s'il ne l'était pas, mais était infini, l'on ne pourrait ni l'augmenter ni le diminuer de fait, d'après notre définition. Prenons, par exemple, un nombre réel quelconque, tel que celui de *6 hommes* : il est évident que, si l'un de ces six hommes meurt, il y manque de suite *1 homme*; et qu'au contraire, s'il en naît ou survient *1* de plus, le nombre augmente d'autant. Le nombre réel présupposé de *6 hommes* peut donc croître ou décroître réellement ; il n'est donc pas infini. Le monde se compose maintenant, non-seulement, comme tout nombre, d'unités, mais encore, comme tout nombre réel, d'unités répandues dans l'espace. Cet espace dans lequel sont répandues ces unités, sans elles, ne contiendrait rien ; il est donc, en lui-même, plein de rien ou vide ; et comme dès-lors le monde se compose de vide et de plein, il n'est point réellement aussi grand qu'il le serait si tout était plein ; il n'est donc pas infini, mais fini. De cette limitation évidente du monde, il résulte que le nombre des astres répandus dans l'espace étant fini, le nombre des atomes constituant individuellement la masse de ces astres ne peut qu'être fini de même. Car, si le nombre de ces atomes était infini dans un astre, d'où les autres astres tireraient-ils les leurs? La distinction des astres implique donc une distinction d'atomes ; et le nombre des astres étant fini, le nombre des atomes l'est également. Le monde est donc également fini dans ses parties et dans son tout. Mais Dieu, son auteur, est au contraire infini. Car, tout effet sort de sa cause, et y est éminemment compris avant d'être réel. Mais la cause qui se contente de contenir ainsi d'abord éminemment, imaginairement l'effet (c'est-à-dire de le comprendre), en est par là même et réellement, en premier lieu, toute vide ; ou bien elle est imaginaire à son égard¹. De plus, il est aisé de voir : 1° que l'imaginaire peut, comme n'*affectant point de positions réelles*, être impunément augmenté, diminué, multiplié, divisé, sans lésion aucune en lui-même, c'est pourquoi la définition déjà donnée de l'*infini* lui convient ; 2° que, la cause première imaginaire ne se distinguant pas de Dieu, la même définition doit convenir à Dieu. Dieu est donc infini.

9. Cela posé, voyons quel sens nous pouvons attacher à ces deux propositions réunies. *Le*

---

¹ Nous ferons observer, pour l'intelligence de cette preuve, que Dieu, comme l'Être radical, peut être défini l'identité de l'imaginaire et du réel, c'est-à-dire, de l'indéterminé et du déterminé, de la puissance et de l'acte, etc. Le dire alors tout particulièrement *imaginaire*, ou mettre plus spécialement en relief cette première face de lui, c'est simplement réclamer pour la seconde ou la *réelle* (que pour cela l'on ne nie point) tout le bénéfice ou toute l'extension de la première. Voyez encore le § 12, où nous reprenons la même idée pour l'appliquer. Il est donc bien entendu que, par ces mots : Dieu est imaginaire pour sa créature, nous ne voulons pas dire qu'il *n*'est *qu*'imaginaire pour elle.

monde est fini ; Dieu, son auteur, est infini.

Considérant d'abord le monde avec ses *limites* quelconques, nous comprenons que son état *fini* signifie deux choses, savoir :

1º Qu'il se compose, quels que soient d'ailleurs le nombre et la nature de ses éléments (astres ou atomes, peu importe), d'un nombre fini de *réalités absolues*, tout au plus *accidentellement personnelles*, et par conséquent *temporelles*.

2º Que ces réalités, qui n'arrivent que par hasard ou circonstance à la personnalité, sont, en somme, comme n'étant rien devant Dieu, car le fini est mathématiquement zéro devant l'infini.

Jetant, ensuite, les yeux sur *l'infinité* qui règne du côté de Dieu, nous y voyons tout autre chose, et nous trouvons que cette idée fondamentale comporte ici *deux* points de vue très-opposés et consistant à pouvoir regarder Dieu comme imaginairement *tout* et comme réellement *un*, sous *trois* formes ou personnalités radicales. Car, ainsi que nous l'avons admis déjà de fait (§ 5) et de droit (§ 4), toutes les facultés irréductibles en Dieu, comme le Sens, l'Intellect et l'Esprit, sont personnelles. En lui, le Sens est donc imaginairement infini, l'Intellect également, l'Esprit de même ; mais, la distinction absolue subjective ou personnelle du Sens, de l'Intellect et de l'Esprit en Dieu n'en empêchant point et présupposant plutôt l'identité objective ou réelle, chacun de ces sujets réels est nécessairement *un*, comme l'est le tout imaginaire ; et finalement il arrive ainsi que nous avons tout à la fois en Dieu, d'une part trois infinis, et d'autre part une seule infinité, ou bien trois sujets infinis et un seul objet infini. Dans cette triple infinité, nous n'avons pas de peine à concevoir maintenant le monde fini flottant comme une épave inutile ; et Dieu seul ne manque de rien ; il est tout ce qu'il peut et doit être ; il est parfait. Néanmoins, Dieu, sans le monde, est un être inactif ; et ses trois personnalités internes (auxquelles nous prêterons par anticipation mais *imaginairement*, et par conséquent sans danger d'anthropomorphisme, la forme humaine), n'étant alors reliées par hypothèse entre elles que par leur nature objective commune, et une aussi bien qu'infinie, sont nécessairement conçues elles-mêmes indéterminées ou flottant chacune dans un vide infini. En tant qu'elles ont, toutes et chacune, une même nature une ou simple, elles sont fixées sans doute, et sous ce rapport il est évident qu'elles se possèdent parfaitement ou que rien ne leur manque dans leur société ; mais en tant qu'elles sont d'autre part infinies, elles se trouvent précisément jetées dans un état contraire d'absolue privation. En d'autres termes, comme identiques, elles ont tout ; comme distinctes, elles n'ont rien. Par exemple, la première d'entre elles ou le Père a la seconde où le Fils, mais n'est point cette dernière. De même, la seconde ou le Fils a la première ou le Père, mais ne l'est point, etc. Par suite, l'union entre les trois personnes est réelle déjà, mais stérile encore ; elle est faite, mais elle ne fait encore rien ; elle est fin, mais elle n'est pas principe. Nous ne prétendons point disconvenir, pour cela, que les trois *premiers* états respectifs du Père, du Fils et de l'Esprit (ou du Sens, de l'Intellect et de l'Esprit divins) ne soient le plus parfaits possible ; ces trois premiers états sont ceux de Sens absolument *naïf*, d'Intellect infiniment *fécond* en idées et d'Esprit *vierge*. Mais si, par hasard, il était possible aux trois personnalités divines de retenir cette suprême perfection et d'offrir en même temps un peu plus d'exercice ou de réalité que n'en comporte leur unité radicale, elles y gagneraient peu sans doute ; mais comme elles n'y perdraient rien d'une part, et que de l'autre elles y gagneraient plus ou moins, il y aurait toujours profit pour elles. Le bonheur, comme on sait, n'est pas le plaisir et peut s'en passer ; mais il ne l'exclut point et le réclame parfois. Par exemple, l'homme sain et vigoureux aime à travailler, comme l'habile, à se montrer, et le bienfaisant, à bien faire. La seule chose qui pourrait détourner un être parfait de l'emploi du fini, serait la conscience de son inutilité radicale ; mais, en société, bien souvent une chose inutile à l'un est utile à l'autre ; et un exercice fini, contingent, n'eût-il point d'autre effet ou fin que de servir de témoignage ou de preuve au sentiment, on aurait raison de l'adopter. Quoi de plus inutile, entre amis, que l'offrande ou le don d'une fleur ? Et cependant, quoi de plus gracieux et de plus touchant ? Quand un rien cause ainsi du plaisir, la frivolité de la source n'en diminue pas le prix ni la douceur, parce qu'instinctivement et par la pensée l'on y trouve la démonstration de ce qui est, le souvenir de ce qui fut ou peut être, et l'indice de ce qui sera. Donc, en thèse générale, il n'est pas permis de soutenir que le fini n'est rien devant l'infini. Mathématiquement, $\infty + 1 + \ldots = \infty$. Mais, psychologiquement et soit pour le sens, soit pour l'idée, les deux membres de cette équation ne sont pas identiques ; car on voit, par exemple, dans le premier, des termes qui ne sont pas distincts dans le second. Le Sens ou l'Intellect peuvent donc être stimulés où l'Esprit resterait par hypothèse impassible ; et de là peuvent où doivent même naître des mouvements spontanés, peu profonds sans doute, mais toujours réels ; et dans ce sens nous sommes fondé à dire que la création du monde est un besoin pour Dieu.

10. Maintenant, du besoin de la Création au besoin de l'Incarnation, la transition est facile. Le Sens, élément et principe de toute création ou relation réelle, n'a pas besoin, Lui, de *s'incarner*. Car qu'est-ce que *s'incarner*, si ce n'est *devenir d'abstrait concret* ou *passer de l'imaginaire au réel*? Or, telle est précisément l'éternelle et propre fonction du Sens radical ou du Père; et si l'on veut alors le voir fonctionner autrement ou varier un peu sur son fond immuable, on peut seulement admettre que, s'appliquant accidentellement en sens inverse, il *s'imaginarise* ou prend une forme idéale. Il n'y a donc point, à proprement parler, d'Incarnation accidentelle ou possible pour le Père ou le Sens, ni, par conséquent, chez cette puissance, de tendance réelle à s'incarner. Au contraire, l'Intellect

2.

ou le Fils est, en Dieu, radicalement tout gros ou plein d'imaginations, d'idées, de simples formes ; et de prime abord il n'existe point pour lui d'autre asile ou champ de refuge que cet exercice imaginaire, pour peu qu'il veuille prendre pied hors de la première relation réelle ou concrète appropriée par hypothèse au Père. Bien plus, tout inventeur qu'il est de formes imaginaires, le Fils n'a point certainement, en premier lieu, de forme à lui ; car, sorti du Père, il a premièrement la forme du Père, et si chez lui cette forme se pose à part, il est toujours vrai de dire qu'elle est abstraite ou tirée d'autrui. Nous voulons admettre, alors, qu'en raison de sa substantialité propre ou de son indépendance radicale et subjective, l'Intellect ou le Fils tient autant à son fond abstrait que le Père au sien concret ; mais comme tout à l'heure nous concevions que le Père n'était pas fâché de varier un peu le sien en le tempérant par l'imaginaire, nous sommes forcé de concevoir *à pari* le Fils enchanté de mêler à l'abstrait le réel, et de le ramener ainsi par moments à sa source. Une raison de plus s'offre même à lui pour cela. Le Père ne peut être stimulé dans son essor modéré vers la contingence ou le fini, que par le désir du nouveau, l'amour de l'inconnu ; mais le Fils, désireux de modifier accidentellement son état personnel en le ramenant à sa source, obéit au même instinct très-puissant qui fait soupirer l'exilé vers sa patrie, retourner le voyageur vers sa maison, et plus généralement graviter tous les êtres vers leur centre et foyer primitif. Il y a donc naturellement une bien plus vive tendance chez le Fils, que chez le Père, à s'exercer en sens contraire de son état normal et perpétuel ; et si, par conséquent, la Création est un vrai besoin en Dieu, l'Incarnation y est un besoin plus grand encore.

Notre premier point est prouvé ; démontrons maintenant le second, ou la *possibilité* de l'Incarnation.

POSSIBILITÉ DE L'INCARNATION.

11. L'opposition de mouvements ou de tendances signalée naguère (§ 10) entre le Père et le Fils, ou le Sens et l'Intellect, est lumineuse et promet d'être féconde en enseignements. Nous allons reprendre ce rapprochement, et, poursuivant ou développant le parallèle, tâcher d'en tirer bon parti.

Le Sens radical, avons-nous dit, est un et infini tout ensemble ; et, dans son premier état, il est nommément *qualitativement* un et *quantitativement* infini. Ces deux aspects éclatent ou se révèlent dans son absolue qualité d'alors ou sa *naïveté*, que l'on ne peut s'empêcher de concevoir une, en même temps que, la prenant avant toute application contingente, on est forcé de l'imaginer concentrée, pleine ou parfaite, à la manière dont on se figure de prime abord infiniment douce et charmante, soit la pureté d'une source d'eau découverte au fond d'un vallon solitaire, soit l'odeur d'une fleur modestement cachée sous l'herbe et n'ayant jamais vu le grand air ni ressenti le souffle d'un être vivant. L'Intellect radical est bien à peu près constitué de la même manière, mais sa première manifestation suit un tout autre cours. Un et infini du premier coup, comme le Sens, il en diffère ensuite en ce que, mis au jour, il ne brille plus par la *naïveté*, mais par l'*éclat*. On continue bien d'être agréablement surpris à son apparition, comme on l'est à la découverte du naïf ; mais, au lieu qu'ici l'on est charmé de prendre en quelque sorte la nature sur le fait et de jouir de sa nudité, chose fort rare et peut-être même impossible après la première vue, là le plaisir vient de la voir plus radieuse ou mieux parée qu'on ne saurait le dire ; c'est pourquoi, moins ravi qu'écrasé de sa pompe inaccoutumée, l'on ne cède plus simplement à l'attrait sensible, mais on s'abandonne ou succombe plutôt à l'admiration ; et veut-on, après cela, retrouver le simple d'où l'on est parti, l'on a besoin de réfléchir avec un certain effort pour reconnaître enfin que, au bout du compte, le principe de ce grand déploiement de gloire est la même activité radicale qui préside à l'exercice infiniment concentré du Sens. Ce dernier, ou le Sens, est donc, quand il s'applique accidentellement, une effusion ou diffusion d'activité réelle dans l'espace libre ou le vide ; et l'exercice accidentel de l'Intellect est, au contraire, une concentration d'activité réelle, non plus dans le vide, mais dans le plein sensible déjà préexistant. On dit pour cela du Sens *s'imaginarisant*, qu'il prend une forme ou s'élabore, se polit et passe en produits de plus en plus superficiels ou légers ; et voyant inversement l'Intellect s'enfoncer de plus en plus dans le Sens en *s'incarnant*, on dit qu'il s'applique, se matérialise ou devient réel. Les exemples ne nous manqueront pas à l'appui de ces premiers aperçus.

12. Considérons d'abord le Sens. Cette puissance, distinguée d'abord par sa double manière d'être ou réalité qualitativement une et quantita-

tivement infinie, s'offre par là même à nous dès le début sous deux aspects opposés, qui sont ceux de détermination fixe et de déterminabilité libre, ou plus simplement d'*application* d'une part et de *liberté* de l'autre. Le Sens est *appliqué* quand, libre d'ailleurs, il jouit réellement ; mais pourtant sa *liberté*, pour être apparente ou distincte, demande qu'il ne jouisse point, et, comme la jouissance se trouve dans l'union ou la fusion de plus en plus avancées, la liberté réclame en sens contraire une distinction et séparation absolues à leur terme. Le Sens radical en est donc là dès le principe : il est tout un et tout autre, ou bien *tout union* et *toute distinction* ; et ces deux premiers aspects relatifs ou caractères, il ne manque pas de nous les représenter dans ses produits primitifs, quels qu'ils soient. Par exemple, des molécules sont des éléments plus ou moins mêlés ou fondus ensemble, des gaz sont des éléments dispersés ou tenus à distance, et manifestement l'attraction domine là, la répulsion ici. Mais rien ne requiert que le même élément ne puisse être à la fois siège d'attraction et de répulsion ; outre que notre propre expérience interne suffit à nous renseigner là-dessus, nous pouvons le comprendre aisément, pourvu que nous n'oubliions point de ne prendre ou de ne réunir qu'*imaginairement ensemble* deux opérations tout d'abord essentiellement *successives*. Ainsi sont possibles et se produisent chez le Sens des existences *formelles* où se reflète une vitalité très-remarquable et que l'on nomme *cristallines*, *végétales* ou *animales*. Dans les cristaux on admire les effets d'une attraction douée d'un discernement infiniment exact, mathématique ; et dans les végétaux on voit briller ceux d'une répulsion non moins merveilleuse par la constance et la complication de sa marche, ainsi que par l'abondance et la fécondité de ses formes. Les animaux présentent, au contraire, une étonnante faculté locomotive ou puissance spontanée d'impulsion. Mais, en tout cela, l'intervention de l'imaginaire ou de la forme n'enlève jamais au réel, au fond, sa priorité, sa primauté, sa prépondérance première. Le fond reste donc le maître, et la forme est une simple servante aussi docile qu'agissante.

Au contraire, quand l'Intellect entreprend de courir lui-même la chance des applications contingentes, le spectacle qu'il nous offre n'est plus un perfectionnement continu de la forme d'abord nulle ou brute, mais un accroissement constant du fond d'abord nul à son tour ou vidé de réalité. Cet accroissement du réel sous la forme devenue cette fois fondamentale ou dominante, nous l'avons sous les yeux toutes les fois que l'idée nous apparaît à l'aide de matériaux de plus en plus concrets, comme la *parole*, l'*écriture* et toutes les *constructions monumentales* de diverse nature. Dans tous ces cas, le mélange du réel à l'imaginaire ou du sensible à l'idéal, se fait évidemment d'en haut, ou part de l'idée, de l'Intellect. On ne peut plus dire de ces produits *artificiels*, comme des produits *organiques*, qu'ils sont une *évolution* de la force créatrice qui s'y recueille ou condense ; mais, puisque cette force n'évolue point, ils proviennent nécessairement d'*involution*. La force active est donc ici présupposée d'abord tout expansive, mais puis se recueillant ou se condensant de plus en plus et, de cette manière, prenant, non une forme, mais un corps. Ce corps est, par exemple, un *son* ; il est une *couleur* ; il est un *bloc de marbre sculpté*, etc.

13. Maintenant, quand on a nommé les *cristaux*, les *végétaux* et les *animaux*, on a nommé tous les *genres* de produits possibles avec l'idée par le Sens. Les *genres* de produits inversement possibles avec le sentiment par l'Intellect sont d'abord ceux déjà nommés *parole*, *écriture* et *monument* ; mais ces produits-ci ne sont plus les seules sortes de nouvelle union possible entre le Sens et l'Intellect, ils n'en sont qu'une espèce et la première, et la seconde est toute autre. En effet, nous avons déjà constaté (§ 10) que l'Intellect doit avoir plus de propension que le Sens à s'élaborer ou s'exercer accidentellement. D'abord, ayant même nature absolue que le Sens, il doit

vouloir, aussi bien et de la même manière que son prédécesseur, en reproduire les trois genres; et nous connaissons déjà cette triple imitation générale assez servile. Mais, tandis que le Fils ou l'Intellect imite ainsi servilement le Père ou le Sens, il ne fait encore rien pour retracer son indépendance respective ou sa personnalité propre. Le Sens étant original en faisant le premier ce qu'il fait, l'Intellect ne peut l'être en ne faisant que ce qu'a déjà fait le Sens; s'il l'est, il l'est à faire autre chose. Et comment fera-t-il alors autre chose? Il le fera; s'il se donne ou s'il prend hors du Sens des positions qu'il institue lui-même et pour lesquelles il n'emprunte rien à celui-là, sinon peut-être les occasions de les faire. Or, deux opérations spéciales sont propres à constituer ce nouvel exercice respectivement indépendant de l'Intellect, et ce sont celles par lesquelles il ouvre, au-dessus des simples formes matérielles, les deux horizons nouveaux d'*espace réel* et de *temps réel*. Nous allons nous expliquer catégoriquement sur ces deux points.

14. D'abord il n'y a point d'espace réel ni de temps réel dans les trois *genres* ou modes primitifs d'application de la part, soit de l'Intellect, soit du Sens. Car les lois *vitales* ne changent pas plus que les lois *physiques*; on les trouve appliquées en Chine comme en France, et dans le siècle de Périclès comme aujourd'hui. Les lois *psychologiques* ou *physiologiques*, qui règlent l'expression de la pensée sous forme parlée, écrite et monumentale, ne changent pas davantage. Les distinctions de l'espace et du temps ne tombent donc pas ici sur les choses elles-mêmes, mais elles leur sont appliquées du dehors. Des êtres qui déjà n'auraient pas par hypothèse ces idées, ne les y verraient en aucune manière. Pour voir l'espace et le temps, il faut donc des intelligences *ad hoc*. Mais c'est bien à l'intelligence radicale, une et infinie, qu'il appartient de faire ou de former des intelligences diversifiées ou spéciales. Les intelligences ayant vue sur l'espace et le temps sont donc des intelligences contingentes et produites ou dérivées.

Comment, cependant, est-il possible à l'intelligence radicale, une et infinie, d'en produire d'autres dérivées et spéciales ? Elle les produit par une sorte de rouage artificiel assez semblable à celui d'une machine ordinaire. La création d'êtres absolus contingents est admise ici (§ 4). Ne le serait-elle pas, nous pourrions la justifier en quelques mots, en disant qu'après avoir parcouru le *cercle* des activités *relatives* sensible, intellectuelle et spirituelle, une activité radicale infinie doit être capable de fournir encore une *sphère* d'activités d'abord simplement *absolues*, c'est-à-dire élémentaires. Partant alors de cette vérité présupposée, nous avons à notre disposition : 1° trois personnalités infinies, qui sont le Sens, l'Intellect et l'Esprit divins; 2° un nombre fini mais très-grand de personnalités absolues contingentes. L'Intellect divin, voulant montrer sa plénitude d'autonomie respective, a pour lors devant lui ces personnalités contingentes absolues, qu'il est le maitre de distribuer ou de classer à sa guise; et pour cela, voici le moyen en son pouvoir. Étant ici pleinement (comme nous le supposons) autonome, l'Intellect a nécessairement, pendant le temps de sa gestion et jusque dans le ressort des deux autres puissances, ou du Sens et de l'Esprit, la haute main sur tous les éléments. Dès ce moment, il peut donc commander, et l'Esprit obéit ; le Sens, de son côté, fait la volonté de l'Intellect et de l'Esprit réunis. Mais qu'est-ce qui pourrait résister à la pleine coalition de l'Intellect, de l'Esprit et du Sens ? Une fois assisté de tous côtés, l'Intellect n'a donc pas de peine à forcer les activités contingentes absolues à diriger en premier lieu leur attention respective suivant ses propres vues prédéterminantes, ou bien celles-là : les unes à droite et les autres à gauche ; celles-ci : les unes en avant et les autres en arrière ; c'est-à-dire, celles-là dans l'espace, celles-ci dans le temps. Le secret des premières dispositions de l'Intellect est ainsi dévoilé : toutes les activités contingentes absolues sont distribuées en deux classes, celles dont l'attention s'applique inversement à la fois, sont dites *simultanées*; et celles dont l'attention s'applique inversement en deux moments distincts, sont réputées *successives*.

15. Il serait tout à fait superflu de vouloir examiner pourquoi l'Intellect, choisissant entre les activités contingentes absolues, prédétermine les unes plutôt que les autres à passer à droite ou à gauche, ou avant ou après, car sa liberté suffit évidemment à résoudre ce prétendu mystère; mais il n'en est pas de même de cette autre question : l'Intellect, réglant une première fois à sa guise l'absolu fonctionnement respectif des êtres accidentels, peut-il sagement, aussitôt après, bouleverser sa première institution et se jouer ainsi de ses ouvrages ?... Si l'Intellect n'écoutait que son bon plaisir et sa puissance, il le pourrait faire assurément, mais ni le Sens ni l'Esprit ne sauraient l'approuver en cela, car le Sens souffre du despotisme, et l'Esprit déteste l'arbitraire. Quand l'Intellect, même parfait ou primitif, agit accidentellement, il n'est donc point pleinement

libre; et l'intérêt de ses créatures trouve ainsi sa sauve-garde en ce qu'il doit se régler et sans hésitation adopter une base ou contracter une forme constante. Cette forme, maintenant, il ne pourrait vouloir l'imposer à d'autres ni la suivre lui-même, s'il ne l'adoptait de bonne grâce. Mais, par la même raison, s'il produit la vision simultanée chez les uns, ne faut-il pas qu'il voie le premier du même œil? Et s'il produit la vision successive chez les autres, ne faut-il pas qu'il voie le premier les choses successivement? Donc, l'Intellect divin, faisant l'espace et le temps, est le premier à voir dans l'espace et le temps; et si par conséquent nous croyons devoir faire une fois, de ces deux sortes de vision, les deux caractères distinctifs et personnels d'êtres spéciaux tels que les anges ou les hommes, nous sommes forcément obligés de reconnaître que le premier ange et le premier homme sont l'Intellect divin lui-même.

16. Mais, entre l'Intellect divin faisant l'ange et l'homme dans l'espace ou le temps, d'une part,

et l'ange et l'homme réalisés dans l'espace ou le temps, d'autre part, il y a toute la différence et la ressemblance observables entre cause et effet ; l'effet est ici réputé, d'ailleurs, jusqu'à cette heure accidentel et même arbitraire : nous n'avons donc aucune raison de nous croire en droit de renverser la chose ou bien de prendre l'effet pour la cause, la cause pour l'effet, et par conséquent ce n'est encore qu'*imaginairement* que l'Intellect divin est pour nous ange ou homme. Comment le deviendra-t-il alors réellement ? Nous répondrons à cela par parties. Il n'est point nécessaire, d'abord, que l'Intellect divin devienne *réellement* ange. Car l'ange, par la manière dont il est produit, a tout son fonctionnement répandu dans l'espace, où tout se correspond et se balance en tout temps. Or, dans l'espace seul ainsi compris, il n'y a ni succession ni devenir actuellement percevables ou sensibles. Donc, chez l'ange ou pour l'ange, il n'y a point de réalité, de changement réel, de phénomène subjectif ou concret, ni par conséquent d'incarnation à subir ; et de même, alors, que l'ange s'exerce toujours et ne change jamais ou ne varie que pour la forme, l'Intellect divin, semblable aux anges, mais ne s'attachant comme eux à rien, existe dans un monde imaginaire où le mouvement même contingent qui l'emporte, tel qu'un flux sans reflux, semble être une simple prolongation indéfinie du mouvement originaire infini qui le précède. Au contraire, chez l'homme, œuvre temporaire ou caractérisée par le temps, l'effet séparable et séparé de la cause commence à devenir distinct, et la cause aussi. Mais, en même temps que la *causalité* se fait jour, la *réciprocité* se révèle également. Ainsi le fort de la veille devient le faible du lendemain, etc. Quand, alors, l'Intellect divin formant l'homme adopte à cette fin (arbitrairement s'il l'on veut) une forme qu'il imagine et juge convenable, cette forme n'existe d'abord qu'imaginairement en lui sans doute; et l'homme, formé de suite après sur ce modèle, est réel. Mais, d'après la loi fondamentale de l'existence humaine que nous énoncions tout à l'heure, le moment peut et doit venir où la cause et l'effet alternent ; et la cause devient ainsi d'imaginaire réelle, quand inversement l'effet devient de réel imaginaire. L'Incarnation de l'Intellect divin suit donc de la loi même qu'il établit ou se donne en créant l'homme, et cette loi n'est point une loi naturelle, mais une loi de sa sagesse et de sa liberté.

17. Du reste, ce que nous venons de dire en général, nous pouvons l'exposer maintenant en particulier et d'une manière beaucoup plus explicite. Le mystère ou la difficulté n'est pas à concevoir ici l'existence préalable imaginaire de la forme humaine dans l'Intellect divin, ni la réalisation postérieure de cette même forme dans un homme quelconque nommé Pierre ou Paul, etc., mais bien à concevoir que l'Intellect divin lui-même soit indistinctement sujet ou porteur, et de la forme humaine imaginaire, et de la forme humaine réelle, c'est-à-dire (abstraction faite de toute durée sensible) qu'il soit divin et humain tout à la fois. Pour résoudre très-clairement cette

difficulté, conservant les deux notions distinctes de forme humaine imaginaire et de forme humaine réelle, nous donnerons à la première le nom de *modèle* (intelligent), et à la seconde, le nom de *machine* (intelligente). Le correctif mis entre parenthèses est nécessaire ici pour expliquer la pensée qu'on pourrait ne pas comprendre autrement, mais il devient inutile dès qu'on la comprend bien ; et pour cela, nous le supprimerons désormais, quitte à le rétablir s'il y a lieu. Le *modèle* est donc l'Intellect divin s'imprégnant imaginairement, à son choix, d'une certaine forme qui est la forme humaine ; et la forme humaine réelle est la *machine*. Puisque l'Intellect divin se donne arbitrairement, comme *actif*, et reçoit fatalement, comme *passif*, cette forme humaine machinale, il est sujet-objet du même coup, et chez lui déjà l'effet ne se sépare pas de sa cause ; il est même vrai de dire qu'il ne s'en distingue pas réellement ; et par conséquent, entre elle et lui, il y a seulement distinction pure ou simple séparation imaginaire. De ce modèle ainsi défini, tirons maintenant autant de copies que nous voudrons. Si ces copies que nous tirons en très-grand nombre sont tout ce ce qu'elles peuvent être, elles le représenteront toutes *implicitement* comme *actif* et *passif* à la fois; mais, *explicitement*, elles pourront et devront le représenter principalement, *les unes* comme *actif*, et *les autres* comme *passif*. De plus, comme il est indispensable de préposer toujours l'*action* (cause) à la *passion* (effet), et que par suite de cela l'on ne saurait concevoir la passion (d'abord nulle) croissante, si l'action (d'abord pleine ou réelle) ne décroissait ; tant que nous nous bornerons à considérer un ensemble de copies *actives* du modèle, toutes ces copies, dispersées dans l'espace comme *simultanées*, se distribueront ou classeront par ordre de grandeur, et nous aurons ainsi des copies *décroissantes* du modèle qui sont des modèles à leur tour, la plus proche du modèle se modelant sur lui, la troisième sur la seconde, la quatrième sur la troisième, etc. Donc, en somme, dans la série des personnalités actives décroissantes, il y aura toute sorte de copies de la première, mais toutes (excepté peut-être la dernière) seront aussi *modèles* à son exemple, et dans leur nombre il n'y aura pas de *machine*. Des copies du modèle actif, détournons maintenant notre attention sur les copies du modèle passif. Celles-ci, portant haut leur qualité de passives, comme les précédentes la qualité d'actives, ne laisseront pas d'être *implicitement* actives à leur tour ; mais, cette qualité d'actives n'étant qu'implicite ou ne ressortant pas, leur qualité de passives servira seule à les différencier dans le temps ; et, par une raison inverse à celle que nous appliquions tout à l'heure, elles se distribueront ou classeront dans le temps en forme de progression ou de série *croissante*. Ici toutes seront donc, en apparence, *machines* ; et nulle ne sera, du moins en apparence encore, *modèle*. Cela posé, rappelons-nous que le *premier* terme de la série des modèles a été le premier modèle ou le modèle divin, actif et passif tout à la fois, mais d'abord tout spécialement envisagé comme actif. Est-ce que l'analogie ne nous porte point alors à préjuger déjà que le *dernier* terme de la série des machines ou la dernière machine sera de nouveau le même modèle pris à rebours, et plutôt passif qu'actif, quoique simultanément l'un et l'autre ? Là, la série décroît sans cesse ; il faut donc que l'Intellect divin, obligé d'être quelque part, soit à la tête. Ici, la série croît au contraire toujours ; ou donc l'intellect divin ne doit se trouver nulle part dans cette nouvelle suite, ou sa place est à la fin. Mais peut-il ne se trouver, là, nulle part ? Est-ce qu'il n'est point originairement autant passif qu'actif ? Donc, tout comme il est à la tête de la série des anges, il doit être au terme de la série des hommes, ou bien il doit être à la fois ange et homme ; disons mieux, Dieu et homme. Car, considerons-le bien aux deux extrémités opposées des deux séries angélique et humaine. Il les termine par hypothèse toutes les deux, au moyen d'un pouvoir discrétionnaire absolu, commençant l'une où il lui plaît, et terminant l'autre où il lui plaît encore. Ses deux états actif et passif, tels qu'ils se trouvent par manière d'extension ou de concentration à ces deux bouts, se correspondent parfaitement ; la fin d'ici vaut le commencement de là, et *vice versâ*. Là, d'ailleurs, l'unité de personnalité divine forme le trait d'union évident entre les deux extrêmes. Nous ne disons pas : la même volonté, mais la même puissance, la même autonomie préside à tout. Quel est le nom de cette puissance? La raison générale, dira-t-on. Nous avons dit, nous : l'Intellect. La différence n'est là manifestement que dans les mots. Donc, logiquement, et de l'aveu forcé de tout homme assez intelligent pour avoir suivi notre raisonnement, l'Incarnation du Fils ou de l'Intellect radical est un acte *possible et rationnel* de la puissance divine.

18. Ayant démontré la possibilité de l'Incarnation par la raison, nous pourrions regarder notre second point comme suffisamment établi, et passer au suivant ; mais, si la raison est déjà

satisfaite, la curiosité ne l'est pas encore ; et pour y complaire, nous traiterons la question accessoire relative aux modes spéciaux d'union ou de relation entre la seconde *personnalité divine* et les *natures angélique* ou *humaine*.

D'abord, l'Intellect divin entre, sans frais ni détours, en relation avec les anges; et le moyen en est tout simple : il agit accidentellement le premier, et tout est dit. Comme activité divine éternelle, l'Intellect radical est *Dieu*, manière d'être incomparable avec l'*angélique*. Mais l'Intellect radical peut joindre à sa manière d'être ou d'agir éternelle ou invariable, une seconde manière d'agir variable ou flexible et pliable aux circonstances. Cette seconde manière d'agir, imaginaire pour la précédente réelle, et réelle pour la précédente imaginaire, lui donne alors, par sa nouveauté, l'aspect d'un nouvel être ; mais ce nouvel aspect, l'Intellect divin ne le doit à personne : il l'a pris, il l'a fait ; il n'a donc pas eu besoin de naître *ange* pour le devenir, et sa nouvelle manière d'être n'est vraiment qu'un rôle secondaire et non caractéristique pour lui.

La relation de l'Intellect divin avec la nature humaine ne se noue pas si simplement. Nous savons déjà qu'il n'est apte que comme *passif* ou *machine*, à jouer ce dernier rôle. Or, un rôle *passif* qu'on jouerait activement ou, pour mieux nous exprimer, non au sérieux, mais par grimace, ne serait pas vraiment passif; et, supposé que ce même rôle ne fût pas incapable de faire naître certains sentiments, ces sentiments ne différeraient en rien de ceux qu'on éprouve au théâtre à la vue de représentations imaginaires dont on peut faire évanouir les impressions aussi vite qu'on les a reçues, en se rappelant qu'elles sont feintes. La vraie passion n'est pas ainsi faite, elle comporte un rôle réel; elle ne doit pas être imaginée mais ressentie. Donc, la relation d'où elle sort doit être réelle. Donc, l'Intellect divin ne doit pas *se faire* homme, mais le *devenir*. Sans doute, il faut qu'il veuille bien être homme pour l'être ou le devenir réellement;

mais on sait bien que toujours vouloir n'est pas faire, et que toujours celui qui veut n'est pas celui qui fait. La nécessité du consentement du Fils, ou de l'Intellect radical, à l'Incarnation ne prouve donc aucunement que l'Incarnation soit son ouvrage ou découle, comme acte, de son initiative, et, tout en admettant son concours imaginaire, nous sommes donc en droit de soutenir que, ayant une fois voulu se faire homme, il a dû recevoir après coup, sans choix et sans liberté, l'*humanité* quelconque qu'il aura plu au Père, à l'Esprit ou même à une certaine autre humanité, d'abord réalisée par le Père et l'Esprit, de lui donner. Car, ainsi que nous l'avons dit, il ne peut apparaître vraiment passif qu'à cette condition.

19. Entre les deux rôles *vraiment actif* et *vraiment passif* de l'Intellect divin, il y a maintenant cette différence plus avancée, que le premier est seulement *imitable* ou *modèle* d'autres subséquents, lorsque le second doit être, de plus, *imitant* et recommandable entre tous comme

excellente *copie* de précédents. Or, une copie se fait et demande des ouvriers. En cette qualité, nous avons déjà nommé le Père et l'Esprit; mais ces deux agents ne dédaignent pas le concours de l'Intellect divin ou du Fils, quand ils posent ou créent l'humanité pour la première fois; et d'ailleurs, ce qu'ils font alors, c'est un homme *et* une femme; ce n'est donc point une copie fixe, singulière, arrêtée du modèle divin qui est l'Intellect radical, mais plutôt une copie d'Eux-mêmes ou de leur couple imaginaire évidemment reconnaissable dans les deux termes produits, nommés par la tradition Adam et Ève. Nous voulons bien admettre qu'alors, entre le premier ouvrage du Père et de l'Esprit, pris en général, et l'Intellect divin, il existe une certaine *ressemblance de forme;* mais, d'*union de nature* ni de *communauté de puissance*, il n'en existe encore aucune trace, et l'on conçoit qu'il ne saurait même y en avoir; car Adam et Ève, ou le premier homme et la première femme, bien que successivement apparus d'après la tradition, n'entrevoient, d'après cette même tradition, que comme *en songe* leur ordre de naissance; à leurs yeux ou tels qu'ils s'apparaissent *réellement* du premier coup, ils forment donc un couple ou sont simultanés, ou bien ils ne sont d'abord qu'imaginairement impressionnables, comme il convient aux deux derniers des anges, et leurs existences personnelles ne sont point radicalement subordonnées de fait, comme c'est aujourd'hui le cas de père à fils ou d'homme à homme. Ainsi, par exemple, entre eux, la vie du nouvel être n'est pas la mort de l'ancien, ni le nouveau-né n'est le succédané du précédent. Adam et Ève appartiennent donc, par création, au régime *angélique*, non à l'*humain*. Mais d'Adam et d'Ève ont pu naître d'autres hommes. Le premier venu de ces derniers a-t-il offert, par hasard, l'union étroite en question de la nature divine et de la nature humaine? Pas davantage; car tout fils venu d'Adam et d'Ève par la voie naturelle naît d'un couple, il est donc un *produit* de simultanés, ou mieux, en renversant ici le langage pour le rendre plus exact, un *quo-*

tient, c'est-à-dire un produit de deux termes indépendants tels que *dividende* et *diviseur*. Or, un tel produit est mixte ou tient de deux ; il offre donc déjà deux espèces et ne peut devenir un couple, puisqu'il l'est déjà. Pour obtenir alors d'Adam *ou* d'Ève un fruit apte à faire partie d'un couple construit sur un nouveau type ou *successif*, et dont Dieu soit cette fois un élément, l'homme l'autre, il faut que ce fruit ne naisse pas d'un couple, mais d'un seul terme. C'est ainsi, du reste, que l'Intellect divin surgit d'abord éternellement, comme Fils, du Père seul.

20. Mais un être ou sujet quelconque ne demande-t-il pas toujours un couple précédent pour surgir? Nullement. Il faut bien ou l'on peut bien transformer, si l'on veut, en couple imaginaire l'être ou sujet réel unique d'où, par hypothèse, un produit simple surgira. Mais, nous le répétons, pour avoir un produit simple, il faut un sujet simple producteur ; et la simplicité du sujet produit s'explique alors par la simplicité réelle du

sujet producteur, dont la qualité devient ainsi la qualité du fruit. En mathématiques, où le langage est, comme on sait, admirable d'exactitude et de pureté (sinon de profondeur), les deux termes toujours consécutifs et jamais simultanés dont nous voulons parler se nomment : le producteur, *puissance*, le produit, *racine* ; et manifestement il suffit d'une puissance carrée, cubique, pour aboutir à sa racine toujours respectivement du degré 1. La génération d'un sujet simple par un autre sujet simple est donc une chose rationnelle, naturelle et même possible ou facile en elle-même.

Nous disons : facile en elle-même, cela s'entend : relativement et pour tout être appris à faire une *extraction de racine* et non à procéder par simples *multiplications* ou *divisions*. Adam et Ève et leurs premiers descendants, formés sur le seul type imaginaire des anges, ne surent d'abord et longtemps qu'aller de deux en deux ou par couple ; mais cette manière de procéder, dont les produits étaient loin de s'améliorer avec le temps, n'était pas de nature à les satisfaire toujours, et tôt ou tard elle pouvait et devait par là-même faire naître en eux l'idée d'un nouveau produit humain, héritier de toutes les vertus ou bonnes qualités des ancêtres, sans mélange aucun de leurs défauts ni de leurs vices. Mais pour cela, le mode de génération devait être changé : de *binaire* qu'il avait été jusqu'à cette heure par servile importation du monde angélique, il devait devenir inversement *unitaire* par libre imitation de l'ordre éternel évidemment antérieur à tout autre. Il restait seulement à savoir en quel cas ou chez qui ce renversement dans l'ordre des générations pouvait et devait naturellement ou surnaturellement arriver ; mais l'accomplissement de cette détermination ne manquait pas d'indices qu'on pouvait reconnaître en réfléchissant sur les conditions mêmes du premier acte générateur unitaire. Pour cet acte, avons-nous dit, il fallait un seul terme *réel*. Donc, puisque imaginairement il en faut deux, le second en était ou fut d'abord *imaginaire*. Mais nous savons déjà que, dans le premier acte générateur, le terme *réel* est *le Père seul*, imaginairement ou secrètement secondé par l'Esprit. Donc, au moment où le second acte générateur analogue doit être possible, le terme *réel* doit être encore *un homme seul*, imaginairement ou secrètement secondé par l'Esprit ; et, par conséquent, le signe ou la condition infaillible d'une génération divine dans le temps réel, aussi bien que dans le temps imaginaire, est la virginale intégrité de son auteur.

21. L'avènement de l'Incarnation présupposerait donc une série d'expériences assez nombreuses pour dégoûter la créature humaine du recours à son semblable pour la propagation ; mais, ce dégoût une fois contracté, traduit en loi pour elle, on ne comprendrait pas que le même Esprit qui régit éternellement le Père et le rend fécond, ne dût et voulût reproduire temporellement, sur la créature humaine convenablement *sensibilisée*, le même effet. D'ailleurs, où le mobile et la fin imaginaires sont identiques entre

certains êtres, il est nécessaire que le moyen soit également identique, à la forme (imaginaire ou réelle) près. Donc, d'un homme seul, comme du père seul, il sort, sous l'influence du même Esprit éternel, un seul et même sujet, lequel, concurremment issu de deux auteurs distincts, est par là-même efficacement apte à les confondre plus tard dans l'unité d'esprit, comme déjà préalablement il suffit à les confondre imaginairement en lui-même.

La faculté productive unitaire n'est point un effet du pur hasard, mais la suite, et pour ainsi dire la récompense d'une vertu préalable et contraire en apparence à son produit, qui est la *pureté*. Sans cette vertu, le Père ne pourrait évidemment communiquer pure ou sans mélange la force *active* dont il a les prémices ; et sans cette vertu, de même, la Mère ne pourrait communiquer intacte et pure sa qualité *passive*. Mais l'union de l'activité pure et de la passivité pure est-elle une fois *objectivement* accomplie par hypothèse, il est évident, non seulement que ces deux qualités conviennent alors à la même personne, mais encore qu'elles équivalent pour elle à la possession radicale de la Divinité *par héritage*, sinon du premier bond ou par droit de premier occupant, car le premier occupant est le père. La naissance de l'Intellect divin dans le temps est donc, en elle-même ou dans ses conditions respectives naturelles, aussi faisable ou facile que sa naissance éternelle ; et toute la différence qui règne entre ces deux naissances vient de ce que l'une implique au-devant d'elle une foule de conditions terrestres et subordonnées à la volonté d'autrui que n'implique pas l'autre.

Ceux qui, tous les jours, affirment dans le monde avec tant de suffisance l'impossibilité d'une génération virginale, sont de ces hommes en si grand nombre qui mesurent à leur aune toutes choses. Ces savants de premier jet ont-ils jamais su seulement s'expliquer la nécessité du concours de deux termes actuels pour la production ? Comme ils n'y ont jamais songé, nous allons le leur dire. Ce concours de deux termes est nécessaire, non pour produire simplement, mais pour imprimer au produit (en supposant qu'il *soit*) le cachet de deux. En effet, les deux termes en concours devant être présupposés contraires, aucun d'eux ne peut évidemment faire relativement ce que fait l'autre, son opposé ! Les deux contraires réunis ne s'aident donc point, mais plutôt se contiennent ou se limitent et, par conséquent, se déterminent : de là, le cachet particulier de chacun imprimé au produit. Mais cela suppose toujours un produit commun ; et ce produit commun suppose qu'ils sont *uns*, aussi bien que *deux*, et même avant d'être *deux*. Ils produisent donc comme *uns* avant de produire comme *deux* ; et la production *virginale* est, au-dessous de la *binaire*, recouverte par elle mais non supplantée par cette dernière, incapable de jamais rien opérer sans les avances ou les sacrifices de l'autre. Tout étant dit maintenant sur notre second point, nous allons passer définitivement au troisième et parler de la *nécessité relative* de l'Incarnation.

NÉCESSITÉ RELATIVE DE L'INCARNATION.

22. Quand, pour mieux fixer les idées sur la nature des choses intelligibles ordinairement peu compréhensibles aux hommes dominés par le Sens, on emprunte au règne sensible lui-même quelque comparaison propre à représenter à l'esprit ce qu'on veut dire, personne n'ignore que les exemples choisis pèchent presque toujours par quelque endroit; on s'en sert néanmoins, tout imparfaits qu'ils sont, parce qu'ils aident à mettre plus spécialement en relief les vérités qu'on ne saurait guère faire entendre autrement. D'ailleurs, il n'est pas impossible que parfois ces comparaisons soient plus exactes au fond qu'elles ne semblent l'être, et l'on conçoit qu'alors il est bien plus avantageux d'y recourir; c'est le cas toutes les fois que la ressemblance est assez parfaite pour que les complications intelligibles à représenter se retrouvent dans les phénomènes mêmes proposés en exemple. Les deux choses

intelligibles à représenter ici sont les deux rôles *actif* et *passif* de l'Intellect divin ou du Fils. Pour représenter ces deux rôles, admettant par hypothèse l'entière fixité du soleil au milieu de tous les autres corps particuliers de son système, nous porterons plus spécialement notre attention sur la terre, et nous ferons remarquer en elle, d'abord, un état de *mouvement* relatif très-grand décrit autour du soleil, puis, un état de *repos* relatif non moins réel à l'égard de la lune et de tous les autres petits corps gravitant comme ce satellite à son entour (car la terre est pour ces derniers ce que le soleil est le premier pour elle). Et nous dirons, alors, que le mouvement perpétuel de la terre autour du soleil est l'image de la perpétuelle *activité* du Fils jouant le rôle d'ange, et qu'au contraire l'immobilité relative de la terre au milieu des corps plus petits qui l'environnent, est l'image de la passivité du Fils jouant inversement le rôle humain. Si, maintenant, on n'a pas de peine à comprendre que, tout à la fois, la terre tourne incessamment autour du soleil et demeure immobile au centre des orbites lunaire ou autres, c'est-à-dire si l'on n'a pas de peine à comprendre en elle la parfaite coexistence du mouvement et du repos, on doit pouvoir admettre également dans l'Intellect divin la parfaite coexistence d'une action et d'une passion incessantes ou des deux rôles énoncés. Chez lui donc, l'activité se mêle incessamment à la passivité ; par son activité constante, il préside à la marche circulaire des esprits éminemment primesautiers ou volages ; et par sa passivité non moins durable, il donne l'exemple des vertus ou des habitudes de caractère relativement fixes. Car il en est des *idées* et des *sentiments*, comme du *changement* et de l'*immanence* dans l'être en général. Chez l'être en général, on conçoit l'immanence avec le changement ou le changement avec l'immanence ; puisque, évidemment, tout ce qui agit sans perte d'être, change et demeure à la fois. De même, alors, qu'en général tout peut demeurer et changer à la fois, nous pouvons supposer qu'à la fois tout agit et pâtit ou se repose et se meut ; et de cette manière nous obtenons bien la coexistence du mouvement et du repos dans les *idées* et les *sentiments*, ces deux types les plus parfaits des deux natures angélique et humaine comparées. Cela posé, les deux rôles angélique et humain étant une fois confondus dans le Fils, la pensée ne doit pas laisser de les distinguer toujours. Le rôle humain est donc ce qui demeure en lui, ce qui répond à sa passion, et que par conséquent (d'après ce que nous avons déjà dit) il a reçu d'en Haut, savoir, du Père éternel, de ses ascendants et de sa mère. L'héritage de ses précédents, au lieu de le répudier, il le recueille et prend pour sien ; il se l'approprie, se l'incorpore ; il ne veut plus s'en séparer. Mais cette insigne passivité du Fils pour le passé n'exclut point une égale passivité pour le présent ou l'avenir : aussi, tout ce qui, dans le présent ou l'avenir, peut s'ajouter à cette base que lui fournit le passé, le Fils est prêt à l'accueillir encore et il l'accueille en effet. Ayant pris corps ou chair une fois, l'Intellect divin continue de s'incarner pour ainsi dire toujours, au fur et à mesure qu'il trouve une occasion de *pâtir* davantage. Car sa qualité d'homme n'est-elle pas sa passivité même ? Plus il pâtit alors, plus il est ou se démontre homme, et sa puissance n'est pas à l'emporter mais à souffrir. Aussi, le voilà, quoique éminemment mobile d'autre part, siégeant d'une manière fixe en homme au milieu des hommes, semblable à une tour immobile, mais croissant pourtant de plus en plus et couronnée de lumière à son faîte pour éclairer tous les objets d'alentour. Lumière du monde, phare humanitaire, il éclaire la route, montre les écueils, détourne de l'abîme, et reste néanmoins dans l'immobilité la plus complète comme la plus étrange, pour les esprits qui ne savent pas mieux pénétrer les mystères de l'anéantissement que ceux de la grandeur, ou les petites choses que les grandes.

23. Nous venons de dire en quoi consiste le rôle passif du Fils ou de l'Intellect divin, en

tant qu'homme ; mais nous n'avons encore rien dit pour faire ressortir l'importance de ce rôle. Comblons maintenant cette lacune.

Un être qui ne se révélerait que comme actif, ou bien dont l'activité serait l'unique rôle principal, ne se montrerait point (pour revenir à notre comparaison du § 22) semblable aux planètes telles que la terre, mais pareil aux comètes qu'on sait n'avoir ni route ni figure constantes et changer toujours. Tels sont d'ordinaire les hommes politiques, habiles à conformer leur conduite aux circonstances ; tels sont même, en général, tous les hommes envisagés à un certain point de vue que nous nous garderons bien de déclarer immoral de prime-abord. Car, certainement, tout ce qui peut donner la vie, peut l'ôter ou tuer ; tout ce qui peut planter, peut arracher ; tout ce qui peut unir, peut désunir, etc. Donc, à prendre toujours les choses en général, il n'y a point d'acte possible ou licite dans un sens, qui ne puisse être actuel ou licite en sens contraire ; et sous ce rapport rien ne discerne *à priori* le bien du mal ou la sagesse de la folie, si ce n'est qu'on invoque à cette fin certains principes abstraits, introuvables dans la nature ou au dehors de l'Intellect, et dont les sages ou les habiles savent tirer parti pour se conduire, mais dont la pratique ou l'application, essentiellement facultative, laisse constamment le champ libre aux spéculations fausses et aux maximes corrompues des malhabiles ou des méchants. Alors, voici ce qui arrive : on se juge. Ceux qui ont la force en main abusent de la force et la tiennent pour droit, légitimité, justice ; mais ceux qui ont la raison pour eux cassent aussitôt ce jugement et relèguent les forts au rang des animaux féroces, dont le seul titre à la prééminence est la force ; ou bien, s'il n'y a pas abus réel de la supériorité physique, mais simple égarement d'esprit, on tient ces êtres excentriques pour des gens livrés aux esprits de mensonge ou d'erreur ; et dès-lors ne vivant point en hommes, mais en anges ou démons. Ce jugement des habiles ou des sages devant être ici le nôtre, nous partirons de là pour établir qu'on n'est point effectivement homme, si l'on ne sait se fixer et prendre une base qui serve également, dans le besoin, de point de repère ou de ralliement aux autres. Des êtres ainsi convenablement disposés, on dit tous les jours qu'ils montrent du sentiment ou qu'ils savent sentir. Ainsi, les hommes vraiment dignes de ce nom ou réfléchis et concentrés, non excentriques, se fixent d'eux-mêmes, comme *particuliers*, dans la *famille* ; comme *citoyens*, dans l'*État*, et comme *religieux*, dans l'*Église*. Un homme pour qui la famille ne serait qu'une association transitoire, l'État qu'une institution de fantaisie changeable du jour au lendemain, et l'Église qu'une éphémère coalition de gens à la fois trop confiants ou trop crédules ; un tel homme, disons-nous, vivrait en l'absence de toute base objective ou réelle, adonné beaucoup plus à son imagination qu'à sa raison ; et tout autant que l'imagination serait en lui dominante, il ne serait point par conséquent un homme dans le sens absolu de ce mot. Aussi, de quelle manière apostrophe-t-on ordinairement un homme léger, inconstant, si ce n'est en lui disant : *Vous n'êtes pas un homme !* Aucun dicton ne fut jamais plus juste. Ce qu'il faut donc aux hommes en société, c'est la constance, c'est l'engagement, c'est l'immobilité dans les sentiments, dans les idées, dans les tendances ; et de là vient qu'au premier rang des vertus on compte généralement toutes les affections domestiques, sociales ou religieuses, réputant des saints ou des héros tous ceux qui savent vivre et mourir avec un entier dévouement pour le foyer, le trône ou l'autel.

24. D'après cela, ce qu'on devait trouver avant tout dans le Fils ou l'Intellect divin devenu homme, c'était la *fixité*, sous le triple rapport *domestique*, *social* et *religieux*, ou bien la qualité d'homme individuel fixe, d'homme sociable fixe, et d'homme religieux fixe. Or, il ne pouvait être ou paraître plus fixe, qu'en demeurant invariablement : 1° dans la position individuelle à lui faite par sa naissance ; 2° dans la position

sociale à lui faite par les lois de son pays ; 3º dans la position religieuse à lui faite par l'Esprit divin ou marquée d'en Haut. Il fallait donc qu'il restât *vierge*, *patriote* et *fidèle à Dieu* jusqu'à la fin. Que de voiles sont déjà levés, par ce peu de mots, sur la vie du Fils de Dieu ! Mais nous n'avons pas précisément à nous occuper de ce qui a été fait ; revenons sur ce qui devait être, et surtout insistons sur l'importance des principaux points signalés tout à l'heure. Cette importance ressort de ce que, sans eux, l'humanité manque de principe, de fin et de moyen, ou de ce que, sans eux, pour tout dire en un mot, il n'y a pas d'humanité. Par exemple supprimez la virginité dans la famille existante : vous la multipliez peut-être, mais en même temps vous l'empêchez d'être ce qu'elle était ou vous la rendez imaginaire. De même, vivez dans l'État, moins résigné d'avance à subir la loi que désireux de la donner : vous portez dans votre âme le germe de toutes les divisions et de toutes les luttes. Procédez enfin, en religion, moins par esprit de foi que par caprice : vous en faites une tour de Babel. Nous l'avons dit cependant : il faut absolument, pour être homme, vivre en famille, en société civile et en association religieuse. La question est alors de savoir qui mettra le premier la main à l'œuvre, et surtout qui sera le premier reconnu sincère et suivi de bon cœur par les autres, ou mieux encore qui sera le premier fixe de fait et de droit parmi les inconstants ? Celui-là, quel qu'il soit, dont on pourra publier cette merveille, sera vraiment la pierre angulaire de l'édifice divin ; il supportera, pour ainsi dire, sur ses seules épaules le ciel entier, il sera l'Atlas du monde. Jusqu'à lui l'on aura pu voir des essais, mais de simples essais de constructions presque aussitôt démolies qu'élevées ; à partir de lui, l'œuvre apparaît durable et bâtie pour toujours. Voilà donc bien ce qu'il fallait ou ce qui devait être ; et rien n'était plus indispensable ou plus conforme à cette fin, que ce commencement.

25. Maintenant, voyons s'il peut être permis d'admettre que tout autre que l'Intellect divin ou le Fils de Dieu dût être chargé d'une aussi haute mission ou servir, dans l'humanité, de *principe* au dévouement ou de *fin* à la foi. Nous pouvons d'abord répondre à cette question sans sortir du cadre humain ou de notre nature. Demandons-en la solution à nous-mêmes : notre conscience ou raison naturelle nous répondra que, pour pouvoir demeurer fermés à tout accès de jalousie, comme ouverts à tout élan de confiance et d'amour, nous avions besoin de nous croire en présence d'un homme absolument exempt de nos erreurs et de nos vices, et, par conséquent, infaillible et impeccable, ou bien en d'autres termes vraiment divin ou Fils de Dieu. De tout autre être, chacun eût pu naturellement et sans grande malice être jaloux, ou douter ou craindre ; qui pourrait regarder la pauvre nature humaine livrée à elle-même, comme à jamais préservée de faillir ? Mais, du moment où par hypothèse on l'aurait sue portée, régie par la raison divine elle-même, ces défiances n'étaient plus possibles ; il devenait nécessaire à tous les hommes de bonne foi de se rassembler autour de son humanité comme les aigles autour du corps ou comme les molécules d'un cristal autour de la première d'entre elles qui leur montre le centre et s'y précipite, joignant l'exemple à la leçon. Mais ce n'est pas seulement par de pareilles raisons tout humaines que nous voulons et pouvons nous démontrer ici la nécessité de l'intervention d'un Homme-Dieu ; portons plus haut nos pensées et considérons la chose au même point de vue que l'Homme exceptionnel appelé d'en Haut à commander, non-seulement aux hommes, mais aux anges, et par conséquent à gouverner nos gouverneurs. Évidemment, l'homme vit actuellement comme en tutelle ; il est libre, mais il dispose de peu ; de tous côtés les forces de la nature l'environnent et se montrent pour lui les dociles instruments d'une marâtre résolue (ne le pouvant détruire tout à fait) à l'entraver et tracasser sans relâche. Élève-t-il les yeux en haut, là lui apparaissent, fantastiques ou réels, peu importe, des êtres de raison difficiles à saisir, mais terriblement entraînants pourtant et remplissant sa vie de passions et d'alarmes. Pour gouverner efficacement l'homme, il fallait donc être capable de régir efficacement aussi la nature physique, ainsi que les esprits d'équivoque ou de malice qui se jouent dans l'air ou l'espace. Mais, au moment de la création matérielle et à la tête de tous les chœurs des anges siége, avons-nous dit déjà (§ 17), l'Intellect divin, le Fils de l'Éternel. Donc il n'y a que le même Intellect divin ou ce Fils de l'Éternel qui puisse, se plaçant à l'autre extrémité de la chaîne, imprimer efficacement un arrêt subit à l'effroyable violence des agents naturels ou spirituels originairement dépendants de lui seul et lancés par lui-même. De la nature du commencement nous apprenons à connaître ici la nature de la fin. Il est évident qu'un mouvement émanant de Dieu ne peut aboutir au repos qu'en Dieu encore. L'Intellect divin gouverne l'ange et l'ange l'homme ;

et si pour lors l'ange abuse de l'homme et que l'homme tombe, le salut de l'homme et la restauration de l'ange dépendent de la grâce ou de la force du même Intellect divin, qui, créateur de l'un et de l'autre, a manifestement le moyen d'agir et de réagir incessamment, par les deux bouts de la série, sur son ouvrage.

26. La mission naturelle ou nécessaire du Fils, le Fils voudra-t-il maintenant la remplir ? Poser cette question, c'est déjà la résoudre. La Divinité ne se contredit pas ; elle ne pose pas un devoir pour le trahir ou s'y soustraire ensuite. Comme elle juge, elle agit. Eh ! qui pourrait ici, par hasard, se flatter de la trouver en défaut ? Ne serait-ce point peut-être ceux-là mêmes dont la présence dans le monde nécessite le plus son intervention personnelle, savoir : les ennemis jurés de la famille, de l'État et de l'Église ? Nous n'avons pas mal conjecturé : ceux qui ne veulent ni de religion positive, ni d'État réglé, ni de famille durable, voilà les adversaires du dogme

de l'Incarnation. Ces deux négations : *point de famille, d'État, d'Église,* ou *point d'Incarnation,* sont réciproques et s'impliquent toujours au fond, sinon dans la forme. Les impies, les hommes dépravés, les intelligences déroutées admettront avec vous, s'il le faut, la possibilité de l'Incarnation, ou, ce qui revient au même, vous permettront d'y croire et ne dédaigneront pas de fraterniser avec vous, croyant ; mais tentez d'en faire un dogme et essayez de les lier : vous les verrez se dresser aussitôt contre vous et vous donner un démenti formel. Il n'a jamais pu venir dans la pensée, même d'un Dieu, de ramener autrement que par la force, à l'unité, ces intelligences ou volontés rebelles. Aussi, quand le Fils vient accomplir son œuvre temporelle sans les consulter et sous la seule inspiration des ordres de son Père ou des besoins de l'œuvre elle-même, s'il se montre doux avec les doux, il se montre également fort avec les forts et sait destiner la violence à faire demeurer ou rentrer dans l'ordre ceux que la douceur n'y retient pas.

27. Cet ordre divin éternel auquel le Fils tend sans cesse à ramener la création, n'est pas sans mouvement, au moins interne. Car rappelons-nous ici ce qu'on dit du Soleil, que, immobile en apparence au milieu du système des planètes roulant à son entour, il accomplit sur lui-même une révolution avec élongation, dont le centre ne sort jamais pourtant de sa sphère; et pour rendre notre comparaison plus parfaite, ajoutons à cela qu'il suffit à cet astre de ce petit mouvement accompli dans sa propre sphère, pour passer en quelque sorte une revue complète, non-seulement de son système de planètes, mais encore du système entier de l'univers. Alors, de même que nous concevons le soleil très-profondément mais néanmoins très-peu perceptiblement impressionné par les révolutions de tous les autres corps célestes, quels qu'ils soient, de même nous pouvons concevoir le Père éternel ou le Sens radical à peine accessible à des impressions finies réelles émanées du dehors; et ces très-petites impressions-là, qu'il ressent alors sans s'y livrer, constituent son état respectif concentré, continu, mais néanmoins toujours agité, vibrant réellement, malgré l'apparente impassibilité dont il fait preuve. Il y a donc cette différence entre le Père et le Fils, que le Fils est le siége d'un mouvement sans repos apparent, et le Père le siége d'un repos sans mouvement manifeste. Mais, par la nature même des choses, le mouvement fatigue plus tôt que le repos. Il y a donc plus tôt chez le Fils que chez le Père, tendance réelle à sortir de son état accidentel pour rentrer dans le calme de son état primitif imaginaire. Ainsi, nous voilà ramenés à le considérer appliqué sans relâche en tout temps, mais surtout au retour de ses révolutions, à rentrer, escorté de toutes les créatures angéliques et humaines, dociles ou non, au sein du Père et du repos ou de la paix éternelle. Jusqu'au moment de toucher le seuil de ce séjour heureux, le Fils est le Dieu du dehors et vrai Dieu; car, outre qu'il a même nature que le Père, il remplit une fonction divine comparable, avec tous ses éléments dispersés, à tout ce que le Père peut faire de plus grand. Mais, ce que le Fils tient et régit dispersé, le Père l'offre réuni. L'union a, d'ailleurs, des charmes ineffables que la grandeur ni l'éclat ne sauraient faire oublier ; et puisque ces grands biens ne s'excluent point, il convient qu'ils alternent. Après la dispersion, vient donc le repatriement des élus ; et le Fils, les évoquant alors de la mort et les rassemblant des quatre coins du monde, remet à l'immédiate direction intrinsèque du Père tous ceux qui, dès le principe et sur son invitation, en avaient déjà reçu la vie, le mouvement et l'être.

28. Résumons-nous actuellement, et concluons. Nous avons démontré successivement que l'Incarnation est, considérée dans son principe, un besoin ; considérée dans son moyen, une possibilité ; et considérée dans sa fin, une nécessité relative. Ce qu'on peut ainsi qualifier de besoin, de possibilité, de nécessité, ne saurait évidemment ne pas être rationnel. L'Incarnation

est donc une chose rationnelle. Renan, sans doute, a dit et soutient le contraire ; mais que penser maintenant de son jugement, après celui de la Raison, que nous venons d'entendre? Si le sentiment de Renan n'est point (comme nous le souhaitons) celui de la passion ou de la mauvaise foi, nous ne pourrons guère éviter de conclure qu'il est au moins celui d'un homme qui parle sans réflexion de ce qu'il ne sait pas. Certes, on peut très-bien être membre de l'Institut, et ne pas savoir encore bien des choses. Nous ne contesterons point à Renan la légitimité de ses titres à faire partie d'un corps aussi savant; mais il est étrange de les trouver réunis à tant de précipitation ou d'ignorance ; et c'est vraiment pitié de voir un membre de l'Institut écrire sur la religion et la théologie, sans même savoir la différence qu'il faut mettre entre l'unité de nature et la trinité des personnes en Dieu. Suivant la doctrine chrétienne connue de tout le monde, jusque des plus petits enfants, le Fils comme fils est autant Dieu que le Père comme père, et, puisque Jésus s'est dit le Fils, il suit de là qu'il s'est dit équivalemment Dieu. Renan nie cette conséquence et soutient que Jésus, se disant le Fils, ne s'est point approprié pour cela la nature divine[1]. C'est faux, mais admettons-le un moment : sera-ce une raison d'ajouter que Jésus, se disant le Fils, n'a point eu d'idée nette de sa personnalité, comme Renan ose le dire[2]? S'ensuivra-t-il également que Jésus, se disant Fils et s'opposant au Père, n'aura pas laissé de se croire en même temps le Père, comme Renan l'affirme encore[3]? Évidemment non ; jamais Jésus-Christ ne s'est dit le Père. Il s'est bien dit *un* avec le Père ; mais qui ne comprend que tous les jours, par exemple dans le mariage, l'homme et la femme sont et se disent *un*, sans confusion de personnalité? Renan n'a donc rien compris à la question présente, il ne s'est pas mieux compris lui même, et pour

---

[1] *Vie de Jésus*, chap. V, pag. 75.
[2] *Vie de Jésus*, chap. XV, pag. 244.
[3] *Vie de Jésus*, chap. XV, pag. 244.

dire alors l'effet qu'il nous fait, nous le comparerons à l'homme ignorant qui, ne sachant pas un mot d'astronomie, se mettrait à parler à tort et à travers des distances, des masses ou des rapports des astres. Un tel homme dirait assurément une foule d'erreurs et d'absurdités; Renan a fait de même. Pour être plus heureux, il eût dû d'abord vouloir être moins exclusif, et ne pas oublier ensuite que la vraie Foi est une vertu sœur et fille de la Raison.

TABLE DES MATIÈRES.

Introduction.................................... 9
    Division du sujet..................... 15
    Besoin de l'incarnation................. 19
    Possibilité de l'incarnation.............. 56
    Nécessité relative de l'incarnation........ 69
    Conclusion............................ 87

www.ingramcontent.com/pod-product-compliance
Lightning Source LLC
LaVergne TN
LVHW050557090426
835512LV00008B/1211